SATIRE XII.

DE

M. BOILEAU DESPREAUX

SUR LES

EQUIVOQUES.

MDCCXI.

AVERTISSEMENT DU LIBRAIRE.

Toutes les Pieces de feu Monsieur Despreaux, qui est mort à Paris le 13. Mars de cette année 1711. ont été si bien reçûës du Public, que j'ose me flatter que je lui fais un présent de lui donner cette Satire. Personne ne peut douter qu'elle ne soit de cet illustre Auteur. On le reconnoit très-facilement à son stile : & on n'ignore point à Paris qu'il se faisoit un plaisir il y a quelques années de la reciter à ses Amis, & même à des Personnes de la premiere consideration, qui tous l'ont generalement approuvée. On m'a même assuré qu'il avoit eu deſſein de la faire imprimer lui-même, & qu'il vouloit l'inſerer dans le corps de ſon Ouvrage avec les onze Satires précedentes. En attendant que toutes ſes Oeuvres ſe rimpriment, & qu'on ſçache exactement ce qui a porté M. Deſpreaux à la faire, & ce qui a empêché qu'elle n'ait paru plûtôt, on ſera ſans doute bien-aiſe de la voir imprimée ſéparément.

SATIRE DOUZIÉME.
L'E'QUIVOQUE.

DU langage François bizarre hermaphrodite ;
De quel genre te faire Equivoque maudite,
Ou maudit ? Car sans peine aux Rimeux hazardeux
L'usage encor, je croi, laisse le choix des deux.
Tu ne me réponds rien ? Sors d'ici, fourbe insigne,
Mâle aussi dangereux que femelle maligne,
Qui crois rendre innocens les discours imposteurs ;
Tourment des Ecrivains, juste effroi des Lecteurs,
Par qui de mots confus sans cesse embarassée
Ma plume, en écrivant, cherche en vain ma pensée.
Laisse-moi, va charmer de tes vains agrémens
Les yeux faux & gâtés de tes louches Amans,
Et ne viens point ici de ton ombre grossiere.
Envelopper mon stile ami de la lumiere.
Tu sçais bien que jamais chez toi, dans mes discours,
Je n'ai d'un faux brillant emprunté le secours :
Fui donc. Mais non, demeure, un Démon qui m'inspire
Veut qu'encore une utile & derniere Satire,
De ce pas, en mon Livre, exprimant tes noirceurs,
Se vienne, en nombre pair, joindre à ses onze Sœurs ;
Et je sens que ta vûë échauffe mon audace.
Viens, approche : Voyons, malgré l'âge & sa glace,
Si ma Muse aujourd'hui, sortant de sa langueur,
Pourra trouver encore un reste de vigueur.
 Mais où tend, dira-t-on, ce projet fantastique ?
Ne vaudroit-il pas mieux dans tes Vers moins caustique
Répandre de tes jeux le sel divertissant,
Que d'aller contre toi sur ce ton menaçant
Pousser jusqu'à l'excès ta critique boutade ?
Je ferois mieux, j'entens, d'imiter Benserade :

C'est par lui qu'autrefois, mise en ton plus beau jour,
Tu sçûs, trompant les yeux du peuple & de la Cour,
Leur faire à la faveur de tes bluettes folles,
Goûter comme bons mots tes quolibets frivoles.
Mais ce n'est plus le tems. Le Public détrompé,
D'un pareil enjoûment ne se sent plus frappé.
Tes bons mots autrefois delices des ruëlles,
Approuvés chez les Grands, applaudis chez les Belles,
Hors de mode aujourd'hui chez nos plus froids badins,
Sont des collets montés & des vertugagins.
Le Lecteur ne sçait plus admirer dans Voiture
De ton froid jeu de mots l'insipide figure.
C'est à regret qu'on voit cet Auteur si charmant,
Et pour mille beaux traits vanté si justement,
Chez toi toûjours cherchant quelque finesse aiguë,
Presenter au Lecteur sa pensée ambiguë,
Et souvent du faux sens d'un proverbe affecté,
Faire de son discours la picquante beauté.
 Mais laissons-là le tort qu'à ces brillans Ouvrages
Fit le plat agrément de tes vains badinages.
Parlons des maux sans fin que ton sens de travers,
Source de toute erreur, sema dans l'Univers:
Et pour les contempler jusques dans leur naissance,
Dès le tems nouveau né, quand la Toute-Puissance
D'un mot forma le ciel, l'air, la terre & les flots,
N'est-ce pas toi, voyant le monde à peine éclos,
Qui par l'éclat trompeur d'une funeste pomme,
Et tes mots ambigus, fit croire au premier homme
Qu'il alloit en goûtant de ce morceau fatal,
Comblé de tout sçavoir, à Dieu se rendre égal?
Il en fit sur le champ la folle experience.
Mais tout ce qu'il acquit de nouvelle science,
Fut que triste & honteux de voir sa nudité,
Il sçut qu'il n'étoit plus, grace à sa vanité,
Qu'un chétif animal pêtri d'un peu de terre,
A qui la faim, la soif, par-tout faisoient la guerre,

Et qui courant toûjours de malheur en malheur,
A la mort arrivoit enfin par la douleur.
Oüi de tes noirs complots & de ta triste rage,
Le genre humain perdu fut le premier ouvrage.
Et bien que l'homme alors parût si rabaissé,
Par toi contre le Ciel un orgueil insensé
Armant de ses neveux la gigantesque engeance,
Dieu résolut enfin, terrible en sa vengeance,
D'abîmer sous les eaux tous ces audacieux :
Mais avant qu'il lâchât les écluses des Cieux,
Par un Fils de Noé fatalement sauvée,
Tu fus comme serpent dans l'Arche conservée;
Et d'abord poursuivant tes projets suspendus
Chez les mortels restans, encor tout éperdus,
De nouveau tu semas tes captieux mensonges,
Et remplis leurs esprits de fables & de songes.
Tes voiles offusquant leurs yeux de toutes parts,
Dieu disparut lui-même à leurs troubles regards.
Alors ce ne fut plus que stupide ignorance,
Qu'impieté sans borne en son extravagance.
Puis de cent dogmes faux la superstition
Répandant l'idolâtre & folle illusion,
Sur la terre en tous lieux disposée à les suivre,
L'art se tailla des Dieux d'or, d'argent & de cuivre,
Et l'Artisan lui-même humblement prosterné
Aux pieds du vain métal par sa main façonné,
Lui demanda les biens, la santé, la sagesse :
Le monde fut rempli de Dieux de toute espece.
On vit le peuple fou qui du Nil boit les eaux,
Adorer les serpens, les poissons, les oiseaux,
Aux chiens, aux chats, aux rats, offrir des sacrifices,
Conjurer l'ail, l'ognon d'être à ses vœux propices,
Et croire follement maître de ses destins
Ces Dieux nés du fumier porté dans ses jardins.
Bientôt te signalant par mille faux miracles,
Ce fut toi qui par-tout fis parler les Oracles.

C'est par ton double sens dans leurs discours jetté,
Qu'ils sçûrent en mentant dire la verité.
Et sans crainte rendant leurs réponses Normandes
Des peuples & des Rois engloutir les offrandes.
 Ainsi loin du vrai jour par toi toûjours conduit
L'homme ne sortit plus de son épaisse nuit.
Pour mieux tromper ses yeux ton adroit artifice
Fit à chaque vertu prendre le nom d'un vice,
Et par toi de splendeur faussement revêtu,
Chaque vice emprunta le nom d'une vertu.
Par toi l'humilité devint une bassesse ;
La candeur se nomma grossiereté, rudesse :
Au contraire l'aveugle & folle ambition
S'appella des grands cœurs la belle passion :
Du nom de fierté noble on orna l'impudence ;
Et la fourbe passa pour exquise prudence :
L'audace brilla seule au yeux de l'Univers ;
Et pour vraiment héros chez les hommes pervers
On ne reconnut plus qu'usurpateurs iniques,
Que tyranniques Rois censés grands Politiques,
Qu'infames scelerats à la gloire aspirans,
Et voleurs revêtus du nom de Conquerans.
 Mais à quoi s'attacha ta sçavante malice :
Ce fut sur-tout à faire ignorer la justice.
Dans les plus claires loix ton ambiguité,
Répandant son adroite & fine obscurité
Aux yeux embarassés des Juges les plus sages,
Tout sens devint douteux, tout mot eut deux visages ;
Plus on crut penetrer, moins on fut éclairci.
Le texte fut souvent par la glose obscurci ;
Et pour comble de maux à tes raisons frivoles ;
L'Eloquence prêtant l'ornement des paroles,
Tous les jours accablé sous leur commun effort,
Le vrai passa pour faux, & le bon droit eut tort.
Voilà comment déchû de sa grandeur premiere,
Concluons, l'homme enfin perdit toute lumiere,

Et par ſes yeux trompeurs ſe figurant tout voir,
Ne vit, ne ſçut plus rien, ne put plus rien ſçavoir.
 De la raiſon pourtant par le vrai Dieu guidée,
Il reſta quelque trace encor dans la Judée.
Chez les hommes ailleurs ſous ton joug gémiſſans,
Vainement on chercha la vertu, le droit ſens :
Car qu'eſt-ce loin de Dieu que l'humaine ſageſſe ?
Et Socrate, l'honneur de la profane Gréce,
Qu'étoit-il en effet de près examiné,
Qu'un mortel, par lui-même au ſeul mal entraîné,
Et malgré la vertu dont il faiſoit parade,
Très-équivoque ami du jeune Alcibiade ?
Oüi, j'oſe hardiment l'affirmer contre toi,
Dans le monde idolâtre aſſervi ſous ta loi,
Par l'humaine raiſon de clarté dépourvûë
L'humble & vraye équité fut à peine intervûë ; *entrevue*
Et par un ſage altier au ſeul faſte attaché,
Le bien même accompli ſouvent fut un peché.
 Pour tirer l'homme enfin de ce deſordre extrême,
Il fallut qu'ici-bas Dieu fait homme lui-même,
Vint du ſein lumineux de l'éternel ſéjour,
De tes dogmes trompeurs diſſiper le faux jour.
A l'aſpect de ce Dieu les Démons diſparurent,
Dans Delphes, dans Delos ſes Oracles ſe tûrent :
Tout marqua, tout ſentit ſa venuë en ces lieux,
L'eſtropié marcha, l'aveugle ouvrit les yeux.
Mais bientôt contre lui ton audace rebelle,
Chez la Nation même à ſon culte fidéle,
De tous côtés arma tes nombreux Sectateurs
Prêtres, Phariſiens, Rois, Pontifes, Docteurs.
C'eſt par eux que l'on vit la Verité ſuprême
De menſonge & d'erreur accuſée elle-même,
Au Tribunal humain le Dieu du Ciel traîné,
Et l'Auteur de la vie à mourir condamné.
Ta fureur toutefois à ce coup fut déçûë,
Et pour toi ton audace eut une triſte iſſuë.

Dans la nuit du tombeau ce Dieu précipité
Se releva soudain tout brillant de clarté.
Et par-tout sa doctrine en peu de tems portée
Fut du Gange, du Nil & du Tage écoutée :
Des superbes Autels à leur gloire dressés
Tes ridicules Dieux tomberent renversés.
On vit en mille endroits leurs honteuses statuës,
Pour le plus bas usage utilement fonduës,
Et gémir vainement, Mars, Jupiter, Venus,
Urnes, vases, trépieds, vils meubles devenus.
Sans succomber pourtant tu soûtins cet orage,
Et sur l'idolâtrie enfin perdant courage,
Pour embarasser l'homme en des nœuds plus subtils
Tu courus chez Satan broüiller de nouveaux fils.
 Alors pour seconder ta triste frenesie,
Arriva de l'Enfer ta fille l'Héresie.
Ce monstre dès l'enfance à ton école instruit,
De tes leçons bientôt te fit goûter le fruit.
Par lui toûjours l'erreur finement apprestée
Sortant pleine d'attraits de sa bouche empestée,
De son mortel poison tout courut s'abreuver,
Et l'Eglise elle-même eut peine à s'en sauver ;
Elle-même deux fois presque toute Arrienne,
Sentit chez soi trembler la verité Chrétienne,
Lors-qu'attaquant le Verbe & sa Divinité,
D'une syllabe impie un saint mot augmenté
Remplit tous les esprits d'aigreurs si meurtrieres,
Et fit de sang Chrétien couler tant de rivieres.
Le fidéle au milieu de ces troubles confus
Quelque tems égaré ne se reconnut plus,
Et dans plus d'un aveugle & tenebreux Concile
Le mensonge parut vainqueur de l'Evangile.
 Mais à quoi bon ici du profond des Enfers,
Nouvel Historien de tant de maux soufferts,
Rappeller Arrius, Valentin & Pelage,
Et tous ces fiers Démons que toûjours d'âge en âge,

Dieu, pour faire éclaircir à fond ses verités,
A permis qu'aux Chrétiens l'Enfer ait suscités ?
Laissons hurler là-bas tous ces damnés antiques,
Et bornons nos regards aux troubles fanatiques,
Que ton horrible fille ici sçut émouvoir,
Quand Luther & Calvin remplis de ton sçavoir,
Et soi-disans choisis pour réformer l'Eglise ;
Vinrent du Celibat affranchir la Prêtrise,
Et des vœux les plus saints blâmant l'austerité,
Aux Moines las du joug rendre la liberté.
Alors n'admettant plus d'autorité visible,
Chacun fut de la Foi censé Juge infaillible ;
Et sans être approuvé par le Clergé Romain,
Tout Protestant fut Pape une Bible à la main.
De cette erreur dans peu nâquirent plus de Sectes
Qu'en Automne on ne vóit de bourdonnans insectes
Fondre sur les raisins nouvellement meuris ;
Ou qu'en toutes saisons sur les murs à Paris,
On ne voit affichés de recueils d'amourettes,
De vers, de contes bleus, de frivoles sornettes,
Souvent peu recherchés du Public nonchalant,
Mais vantés à coup sur du Mercure Galand.
Ce ne fut plus par-tout que fous Anabaptistes,
Qu'orgueilleux Puritains, qu'execrables Deïstes.
Le plus vil artisan eut ses dogmes à soi,
Et chaque Chrétien fut de differente Loi.
La Discorde au milieu de ses Sectes altieres
En tous lieux cependant déploya ses bannieres,
Et ta fille au secours des vains raisonnemens
Appellant les ravages & les embrasemens,
Fit en plus d'un Pays, aux Villes desolées,
Sous l'herbe en vain chercher leurs Eglises brûlées.
L'Europe fut un champ de massacre & d'horreur,
Et l'Orthodoxe même aveugle en sa fureur,
De tes dogmes trompeurs nourrissant son idée,
Oublia la douceur aux Chrétiens commandée,

Et crut pour vanger Dieu de ſes fiers ennemis
Tout ce que Dieu défend legitime & permis :
Au ſignal tout à coup donné pour le carnage
Dans les Villes, par-tout, Theatres de leur rage,
Cent mille faux zelés le fer en main courans,
Allerent attaquer leurs amis, leurs parens,
Et ſans diſtinction dans tout ſein Héretique
Pleins de joye enfoncer un poignard Catholique.
Car quel Lion, quel Tigre égale en cruauté
Une injuſte fureur qu'arme la pieté ?

 Ce fureurs juſqu'ici du vain peuple admirées,
Etoient pourtant toûjours de l'Egliſe abhorrées ;
Et dans ton grand crédit pour te bien conſerver,
Il falloit que le Ciel parût les approuver,
Ce chef-d'œuvre devoit couronner ton adreſſe.
Pour y parvenir donc ton active ſoupleſſe
Dans l'Ecole abuſant tes groſſiers Ecrivains,
Fit croire à leurs eſprits ridiculement vains,
Qu'un ſentiment horrible, injuſte, abominable
Par deux ou trois d'entr'eux réputé ſoûtenable,
Prenoit chez eux un ſceau de probabilité,
Qui même contre Dieu lui donnoit ſureté ;
Et qu'un Chrétien pouvoit rempli de confiance,
Même en le condamnant le ſuivre en conſcience.

 C'eſt ſur ce beau principe admis ſi follement,
Qu'auſſi-tôt tu poſas l'énorme fondement
De la plus dangereuſe & terrible Morale,
Que Lucifer aſſis dans la Chaire infernale,
Vomiſſant contre Dieu ſes monſtrueux ſermons,
Ait jamais enſeignée aux Novices Démons.
Soudin au grand honneur de l'Ecole payenne,
On entendit prêcher dans l'Egliſe chrétienne,
Que ſous le joug du vice un pecheur abbatu
Pouvoit ſans aimer Dieu, ni même la vertu,
Par la ſeule frayeur au Sacrement unie
Admis au Ciel joüir de la gloire infinie ;

Et que les Clefs en main fur ce feul paffeport
Saint Pierre à tous venans devoit ouvrir d'abord.
   Ainfi pour éviter l'éternelle mifere,
Le vrai zéle au Chrétien n'étant plus neceffaire,
Tu fçus, dirigeant bien en eux l'intention,
De tout crime laver la coupable action.
Bientôt fe parjurer ne fut plus un parjure;
L'argent à tout denier fe prêta fans ufure.
Sans fimonie on put contre un bien temporel
Hardiment échanger un bien fpirituel;
Du foin d'aider le pauvre on difpenfa l'avare;
Et même chez les Rois le fuperflus fut rare.
C'eft alors qu'on trouva pour fortir d'embaras,
L'art de mentir tout haut en difant vrai tout bas.
C'eft alors qu'on aprit qu'avec un peu d'adreffe
Sans crime un Prêtre peut vendre trois fois fa Meffe,
Pourvû que laiffant là fon falut à l'écart,
Lui-même en la difant n'y prenne aucune part.
C'eft alors que l'on fçut qu'on peut pour une pomme,
Sans bleffer la juftice, affaffiner un homme :
Affaffiner ! Ah non, je parle improprement;
Mais que prêt à la perdre, on peut innocemment,
Sur-tout ne la pouvant fauver d'une autre forte,
Maffacrer le voleur qui fuit & qui l'emporte.
Enfin ce fut alors que fans fe corriger,
Tout pecheur.... Mais où vais-je aujourd'hui m'engager?
Veux-je d'un Pape illuftre, armé contre tes crimes,
A tes yeux mettre ici toute la Bulle en rimes;
Exprimer tes détours burlefquement pieux,
Pour difculper l'impur, le gourmand, l'envieux;
Tes fubtils faux-fuyans, pour fauver la moleffe,
Le larcin, le duel, le luxe, la pareffe;
En un mot faire voir à fond développés
Tous ces dogmes affreux d'anathême frappés;
Que fans peur debitant tes décifions folles
L'erreur encore pourtant maintient dans tes Ecoles?

Mais sur ce seul projet soudain puis-je ignorer
A quel nombreux combats il faut me préparer.
J'entens déja d'ici tes Docteurs frenetiques
Hautement me compter au rang des Héretiques,
M'appeller scelerat, traître, fourbe, imposteur,
Froid plaisant, faux boufon, vrai calomniateur,
De Pascal, de Wendrock copiste miserable,
Et pour tout dire enfin, Janseniste execrable.
J'aurai beau condamner en tous sens expliqués
Les cinq Dogmes fameux par ta main fabriqués :
Blâmer de tes Docteurs la morale risible,
C'est, selon eux, prêcher un Jansenisme horrible ;
C'est nier qu'ici bas par l'amour appelé
Dieu pour tous les humains voulut être immolé.

 Prévenons tout ce bruit, trop tard dans le naufrage
Confus on se repent d'avoir bravé l'orage.
Alte-là donc ma plume, & toi fors de ces lieux
Monstre à qui par un trait des plus capricieux
Aujourd'hui terminant ma course satirique,
J'ai prêté dans mes vers une ame allegorique.
chercher Fui, va cher ailleurs tes Patrons bien-aimés
Dans ces pays par toi rendus si renommés,
Où l'Orne épand ses eaux, & que la Sarte arrose :
Ou si plus sûrement tu veux gagner ta cause,
Porte-la dans Trevoux à ce beau Tribunal,
Où de nouveaux Midas un Senat monacal,
Tous les mois, appuyé de ta sœur l'Ignorance,
Pour juger Apollon, tient, dit-on, sa séance.

F I N.

EPITAPHE

De Messire ANTOINE ARNAULD, par le même M. Despreaux.

AU pied de cet Autel de structure grossiere
Gît sans pompe enfermé dans une vile biere
Le plus sçavant mortel qui jamais ait écrit,
ARNAULD qui sur la grace instruit par JESUS-CHRIST,
Combattant pour l'Eglise & dans l'Eglise même,
Souffrit plus d'un outrage, & plus d'un anathême:
Plein de feu qu'en son cœur souffloit l'Esprit divin,
Il terrassa Pelage & foudroya Calvin,
De tous les faux Docteurs confondit la Morale;
Mais pour fruit de son zéle on le vit rebuté,
En cent lieux opprimé par leur noire Cabale,
Errant, pauvre, banni, proscrit, persecuté;
Et même par la mort leur fureur mal éteinte
N'auroit jamais laissé ses cendres en repos,
Si Dieu lui-même ici de son Oüaille sainte,
A ces Loups devorans n'avoit caché ses os.